사각사각
글자 이야기

이야기 시 [두 번째]

사각사각
글자 이야기

김선자

창조와지식

시인의 말

사랑과 눈물, 기쁨과 수고가
우리의 삶을 써 내려갑니다.

그 글자들이 모여
오늘도 사각사각 종이 위를 걸어갑니다.

<사각사각 글자 이야기>는
그 발자국을 따라 걷는 여정입니다.

차례

시인의 말 5

1부. 너에게

결혼이란 13
자음과 모음 1 14
자음과 모음 2 15
글자 만들기 16
미완성 17
충고 18
이야기는 써 봐야지 19
백지 20
너에게 21
엄마의 바람 22
둘이라면 23
자음 산 24

2부. 부부

난 아름다운 독도체 모음이야 26
고백 27
신혼 28
모음의 항변 29
자음과 모음 3 30
세월이 흐르니 31
당신 자음은 왜 비뚤까 32
유산 33
숨바꼭질 34
글을 쓴다는 것 35
글쓰기. 1 36
글쓰기. 2 37
문장 만들기 38
글쓰기. 3 39
심술. 1 40
예전엔 41
어느 날은 있잖아 42
이런 맘 43
자음 생각 44
독선 45
개굴개굴 해설 46
불꽃 47
당신의 자음에 모음을 맞대는 게 48
당신의 자음을 49
예전 같으면 50
예전 같으면 2 51
자음과 모음 4 52

자음. 1 53
ㄱ부터 ㅎ까지 54
자음을 만난 건 55
항상 좋았던 건 아니더라도 56
그땐 왜 그랬을까 57
글자 이미지 58
투정 59
사랑하게 됐어 60
모음 이야기 61
약속 62
사이 63
자음에게. 1 64
자음에게. 2 65
때로 66
행복. 1 67
자음. 2 68
행복. 2 69

3부. 나

글자. 1 71
넌 누굴 닮았냐? 72
글자. 2 73

4부. 아버지 그리고 엄마

어머니. 1 75
그리움 76
아버지의 글씨 77
글자. 3 78
아버지. 1 79
그게 첫 문장이었어 80
글자. 4 81
대화 82
몰랐어 83
가끔 84
글자 바라보기 85
선물. 1 86
자음과 모음 5 87
엄마. 1 88
산책 89
아버지의 글자 90
아버지의 말 91
아버지. 2 92
후회 93
천상으로 94

5부. 남겨진 엄마

어머니. 2 96
여보 나왔어 97
어머니. 3 98
무릎 수술 99
선물. 2 100
무덤 101
어머니. 3 102
엄마. 2 103
효자손 104
어머니. 4 105
아, 어머니 106

6부. 가족

가족 108
세실 댁, 글을 몰라 서럽다 109
세실 댁, 허공에 묻다 110
세실 댁 아들 111
글자 해득 112
아버지. 3 113
줄다리기 114
어떤 글 115

7부. 에필로그

바람 117
글자의 기원 118

시 감상평 119
작가 후기 126

1부. 너에게

결혼이란

글자 맞추기 아니겠니?

남자와 여자가
자음과 모음으로 만나

사각사각
글을 써 가는 것.

자음과 모음. 1

사랑할 때가 있고 싫어질 때도 있어
글자들이 모였다가
틈 벌어지는 것 봐
그래도 포기하지 않고 써 가는 것 봐
누구는 시
누구는 수필
누구는 소설
장르는 다 달라도
고개 끄덕이며 맞아 맞아
공감되는 것
눈물로 읽혀지는 것
자음과 모음의 사랑 이야기를 봐.

자음과 모음. 2

글자를 만들다 보면
띄어쓰기는 항상 어렵더라
원래는 모든 글자들이 붙어있더랬지
그러다가
글자 사이에 숨구멍을 내주는
것일 테지
자음, 모음 맞닿아 한 글자 한 글자
쓴다는 게
살아보면 알겠지만 안 맞는 것 투성이거든
불협화음의 글자들을 늘어세우며
숨구멍들 내 주는 것
시로를 읽혀지게 하는 것….

글자 만들기

난 아직도 불완전한 모음
살아온 날 동안
자음 탓만 하였지
실수만 눈에 담아
지적하는 것을
자식에게 고스란히 물려줬었는데
며칠 후면 결혼을 하네
날 꼭 **빼닮**은 모음을 들고….

미완성

물려받은 글자로 문장을 써 갈수록
꺾임과 이음에서
아버지와 어머니를 보았다

나 아직 써 내려가야 할 글, 많은데
채 여물지 못한 내게서
네가 나와
빈칸 앞에 서 있구나!

까마득한 사막일 때도 있겠고
넓은 초원일 때도 있겠고
푸르고 우거진 계곡 같은 곳이거나
이랑을 만들어야 하는 들판 같은 곳에서

막 문장을 만드는
사랑하는 이여
소풍 나온 날처럼 김밥을 싸 들고
너희의 이야기를
먼 훗날 읽어보자꾸나.

충고

연애할 땐 다 그래
모음 떠받들 듯 비위 다 맞추고
자음, 모음 대어보니
글자가 된다는 것만 좋아서
다른 건 안 보여
그게 단 줄 알아도
곧 만날 거야 띄어쓰기 앞에 당도하면
티격태격
그래도 띄어쓰기 때문에 헤어지진 마
문장 바꾸기도 안 만났잖아
문단까지 띄게 될 텐데
제대로 된 이야기도 써 보지 못하고
글자를 다 알았다고는
제발 생각하지 말아줘.

이야기는 써 봐야지

지레 겁먹지 마!
잘 못 쓴 이야기는 없어
시작도 않는 게 안타까울 뿐
평탄한 글은 수필처럼 읽히고
굴곡진 글은 소설처럼 읽히지
어떤 글이건
너희가 써 갈 글을 읽는 독자가 될게
공감하고 응원하며
함께 쉬어가고 걸어갈게
분명 마지막은 해피엔딩일 테니….

백지

네 앞에 놓인 백지가
불안하니?
다들 그랬어
멋모르고 시작하고 그냥저냥 써 갔대
할아버지와 할머니가 그랬듯이

시작점을 정하고 자음을 쓴다는 거
자음 곁을 맞춰 모음 대는 거
참 어렵고 막막해
물음표를 달고 살다가
어쩌다 느낌표를 만나기도 하지
한 번씩 지워내고
다시 쓰고 싶은 날도 많아
술술 써지는 때보다
막히는 때가 더 많은데
그래도 살다 보면
책 몇 권은 쓰였을 거래
그러니 그냥 써 가는 거지
엄마와 아빠가 그러듯이….

너에게

함께 산다는 것
누구에게나 쉽지 않아
왜 그럴까만 생각하면
서운한 것뿐이지만
자음에 모음을 맞춰가다 보면
글자가
문장이 되고
문단이 되고
이야기가 되더라
서로 끝까지 써 봐
희로애락을 함께 하며….

엄마의 바람

네가
띄어쓰기를 만나서
쉽게 좌절하지 않기를
띄어쓰기 없이 제대로 읽히는
글은 없잖아
줄 바꿈할 때 많이 힘들겠지
협곡 같은 일들이 너희를 흔들 수도
있지
함께한다는 건
그 모든 일들을 견뎌보겠다는 거지
세상 아무도
꽃길만 걷는 사람은 없더라.

둘이라면

무슨 일이든 잘 이겨낼 거라고 생각들지만.
자음과 모음을 쓰는 방식이 다르고
글씨 형태가 다르고
기울기도 다르게 써질 때가 많아서
줄 바꿈을 만나면
티격태격 서운한 것들로 끙끙 앓게 되지

그런데 말야
별다른 글쓰기 없어
모든 글쓰기에는 띄어쓰기 문장 바꿈
문단 바꿈이 다 있어

네가 모음만 들고
나머지 글을 써 가야 하는 날도 올 수 있지
네 할머니처럼

그렇지만 네가 만난 띄어쓰기들은
네 글이 글 되게 하는 꼭 필요한 것들이야
너 혼자 넘어온 게 아니라
자음도 함께 넘어온 거란 걸
아무도 흉내 내지 못할 자음과 모음의
이야기란 걸
알게 될 거야.

자음 산

자음들이 흐트러진 곳에서
너를 찾았어
자음의 모서리들이 불쑥불쑥 솟구쳐진 곳 위에서
생채기 난 너를 보았지
ㄱ부터 ㅎ중
무엇을 꺼내 글자를 이뤄야 할지
모르겠는지
궁글다가 자꾸 상처만 덧났다 했지
가만히 있어도
발버둥 쳐도
호락호락하지 않던 너의 자음들이
슬픈 산을 이루고
한없이 멀어지던 시절이
이때 뿐이라면야
얼마나 좋으랴.

2부. 부부

난 아름다운 독도체 모음이야

그대를 만나려 헤맸어
명조체 고딕체 태흘림체엔
눈길도 안 가더구만

흘림체를 기웃거려 봤지
세상엔 글씨체도 많더구만
내 맘에 꼭 드는 게 없어 시큰둥했어

당신이란 자음이 내게로 왔을 때
별 기대는 없었지만
살다 보니
당신이 내게 꼭 맞는
아름다운 독도체란 걸 알게 되었지

사각사각 글을 쓴다는 게 즐거웠어.

고백

있잖아
내가 가진 모음이래봤자
ㅠㅠ뿐인 때가 있었어
속으론 늘 울고 있었는데
아무도 내 안의 모음의 모습을
알 수 없었지
당신의 자음에 맞춰 볼
모음 하나 없이 텅 빈
나의 세상으로
끈질기게 찾아와 준 당신 덕분에
비로소 알게 되었어
눈물에 잠겨 있던 나의 모음들을….

신혼

무작정 당신이 좋아서
띄어쓰기쯤이야
아무것도 아니었어
당신과 함께라면 어떤 글이건
다 아름다울 거라 생각했으니까
다음 글줄로 바뀌고 문단을 크게
건너뛰어도 당신 옆에 꼭 붙어있으면
괜찮을 거라 여겼어
먼저 건너뛰어야 하는 건
항시 내가 아니어서
철없는 마음으로 살았었나 봐.

모음의 항변

앞선 자음이 말하지

좀 더 왼쪽으로 붙여
아니 오른쪽으로 더 가서...
살짝 위로 올리던지
너무 아래로 내려왔잖아
그것도 눈치껏 못 해?

자음 씨,
그냥 내 맘대로 곁에 서면 안 돼?

자음과 모음. 3

한 줄 내려가면 어때?
세 칸 띄고 쓸까?
난 글줄이 너무 길면 답답한 것 같아.
검정 말고 녹색은 어때?
갈색도 좋아

이야기해봤자

—어련히 내가 얼마나 생각하고 생각했겠어!

자음 저 혼자 붉으란 붉으란 해져서는
저만치 자리 잡고 쓰기 시작한다

흥, 칫, 뽕!

세월이 흐르니

자음도 변하더라
딱딱하고 각진 당신의 자음에 반해
글자를 써 내려가며
숱한 시간
각진 자음 때문에 아팠어
모서리에 부딪혀 상처 난
내 모습이 서러워 또 울었지
오래도록 살다 보니
알게 되었어
나와 부딪히던 당신의 자음들도
아프고 힘들어서 헤졌다는걸
지금은 당신의 자음들이
힘이 빠져 꼬불꼬불한데
우리 젊은 날의 멋진 글씨체는 아니더라도
흘러가듯 써 내려간 글씨체가
한없이 유순해져 보이네
당신 자음에 닿아도
아플 일 별로 없어 좋네.

당신 자음은 왜 비뚤까

생각했지
이리저리 모음을 맞대어 보아도
글자가 맘에 들지 않았어
한동안은 태흘림체를 좋아했다가
고딕체도 좋아했다가
또 어떤 때는 독도체가 이뻐 보였지
명조체가 무난해 보이기도 했어
당신의 자음을 내 방식대로
이렇게 저렇게 틀어보고도 싶었어
그러다 알았어
내 모음이 잘 바뀌지 않는 것처럼
자음의 기울기를 바꿀 수는 없다는 것을
세상에서 하나뿐인 글씨체를 가지고도
만족을 못 하고 있었던 것을….

유산

세상이
당신의 자음을 비틀고
나의 모음을 비틀어서
우리가 만든 글자들이
반듯한 명조체나
고딕체가 아니더라도
세상에 단 하나뿐인 글씨체를
남겨주게 되는 일
어쩜 고귀할 테요

우리 실수와 허물도
어쩜 쉼표가 될 터요

끝까지 우리
살아낸다면
이해할 수 없던 문장들
행간의 깊은 의미도
어쩜 알게 될 터요.

숨바꼭질

무궁화꽃이 피었습니다

우리가 맞대어 쓰려던 것들이
종종 어디론가 숨어버려
하나둘 셋…. 열을 세어도 보이지 않아
나 혼자 술래가 된 기분이 들지
갑자기 세상천지에
당신의 자음이 사라지고 만 것 같은 거야
곁에 있어도 당신의 자음이 방향을 틀면
생소한 자음 앞에서
—못 찾겠다 꾀꼬리
외치는 내가 얼마나 절박한지 알아주길 바라.

글을 쓴다는 것

당신의 자음과 내 모음을
가지고 글을 쓴다는 것
글자를 만들고
문장을 만들어 글을 쓴다는 것
얼마나 어려운 일인지는
한 문장 한 문장 구비구비를 돌면서
알겠다
세상의 모든 글들이
얼마나 아프고 아린가를 알겠다
눈물로 읽어야 할 글들이 수두룩하다는걸
살아볼수록 알겠다.

글쓰기. 1

당신을 혼자 두고 가진 않을 테요
그러니 힘내요
난 기다리고 있을 테요
당신도 날 기다릴 테니
유독 띄어쓰기 웅덩이들이 많은 날도 있어요
그래도 괜찮아요
우린 함께 뛰어넘을 거잖아요
어떤 날은 깊은 협곡같이
한 줄을 몽땅 비워내야 할 때도 있어요
당신이 먼저 떨어지거나
내가 먼저 떨어질 수도 있죠
그래도 괜찮아요
떨어진 자리로 우리 서로 찾아올 테니까
거기서 다시 시작하면 되어요
클라이막스가 클수록
올라가는 길이 가파르겠지만
결말의 평지에 서면
우리 서로 대견해하기로 해요
잘 견디어왔노라고⋯.

글쓰기. 2

왜 그런 날 있잖아
연필은 들었는데 하릴없이 점만 콕콕 찍는다던가
괜히 사람 얼굴이나 그려보고 있다던가
그것도 아니면
그적그적했던 것마저 까맣게 그어버린다던가
머릿속이 하얘져서 아무것도 생각 안 나
그냥 백지 위에 엎어져 버린 때에도
사실은 그런 때에도
당신과 나는
우리가 가진 자음과 모음을 어떻게 맞출까
고민하고 있는 거잖아
그게 시작인 거지
그럼 된 거네
우리가 만들어 갈 문장들의 첫 줄.

문장 만들기

내가 가진 모음과 당신의 자음으로
우리 글자를 만들어요
아버지와 어머니가 그랬듯이
띄어쓰기의 웅덩이들을 잘 넘어가요
다음 문장으로 넘어갈 때
긴 여백을 만나도 당황하지 말고
함께 건너가요
하나둘 셋, 훌쩍!
당신과 내가 문장을 만들면
우리 아이들도 잘 읽어낼 거예요.

글쓰기. 3

한 줄 마치면 마침표
그리고 한참을 서성이지요
글을 쓴다는 건 어느 때나 힘든 일이어서
아버지와 어머니가 그랬듯이
당신과 나도
망설이고 머뭇거리는
마침표 다음입니다
써 내려가야 할 일들은
기승전결
누구도 예이 없는 위기아 절정을 만나도
우린 결말까지 다다를 거예요
늘 마지막은 해피엔딩으로
쓸 테니까요.

심술. 1

난 파란 하다
알잖아
가난한 날 나락
다자란 난 아파
가만, 파랑!
나잖아!

내가 가진 모음도 많았지만
ㅏ 만 대주고 싶던 날도 많아
고소했지만 미안했어.

예전엔

띄어쓰기가 없었대
상상이 돼?
그래도 잘만 썼다고?
자음은 하늘, 모음은 땅
벙어리 삼 년 귀머거리 삼 년
눈 봉사 삼 년
그것도 모자라 칠거지악으로
꽁꽁 묶어둔 세월에
순종만 있었다고
띄어쓰기 없으니 행복했다 생각진 마.

어느 날은 있잖아

저 혼자 멀리 뛰어 버리더라
마침표가 따라와서 좀 쉬고 있었는데
자음 혼자
저 멀리
몇 줄이나 건너뛰고서
그렇게 있는 거야 우두커니…
마음이 따라가야
몸도 따라가는데
글쎄, 마음이 지쳐오더라
정말 오래도록 생각해야 했지
내가 건너뛰기에는 너무나
버거운 몇 줄이었어
그 여백이 깊은 수렁처럼
나를 잡아당겼지
내 모든 모음들이 우수수
수렁 속에 빠져들 것 같았어
고비고비 챕터가 바뀔 때마다
마음 세우는 방법을 배워가야 했어
가까스로
모음을 붙여서 다음 글을 이어갔지
돌아보면 아무것도 아니었는데
꼭 그럴 때가 한 번씩 오더라니까

이런 맘

길이 미끄러워서
쓰다 보면 자음이 주우욱
저만큼
아아 어떤 때는 한 페이지만큼
미끄러져 버린 때가 있지
거기 있는 자음에게 가는 동안
걱정했다가
서운했다가
미워도 했다가
안쓰러워지고
애달퍼져서는
이런 게 사랑이 아니겠나 싶어지는 마음으로
가까스로 다가가 또 써 내려가는 거지
우리 이야기를….

자음 생각

당신은 항시 각지고 닫혀있다
생각했지
당신 안에 부드러움을 보지 않았어
당신의 동그라미는
때로 나의 모음 같았어
아 야 어 여 오 요 우 유 으 이
자음 없이도 잘 살겠더라 생각 들었지
자음이 모음 없이 읽히지 않는 것처럼
모음도 자음이 있어야
온전한 문장들을 만들 수 있다는걸
왜 여태 몰랐을까
왜 살면서 잊어버렸을까
우리 서로가 꼭 필요한 존재라는걸
이끌고 짐 지고
맞춰주고 기다리며
서로 하나로 세워져 간다는걸
홀로 서서 살아가서는
결코 씌여질 수 없는 일들
수두룩하다는걸
누구에게나 기승전결의 이야기들
가지고 있다는걸
깨닫게 되는 때 있네.

독선

자음은 이기적이고 독선적이야
항상 모음 앞에 서 있고
모음이 하는 일이란 자음을 세우고
받쳐서 글자가 되게 하는 일이지
모음 없이는 글자도 아니면서
독불장군처럼 굴었어

그런데 말야
자음 앞은 허허벌판
첫발을 디디ㄱ 앞서나가
글을 세워간다는게
외롭고 막막한 일이라는 걸
참 용기 있는 일이라는 걸
롤러코스터 같은 인생의
구비구비를 함께하니 알겠어
항시 자음의 울타리 안에서
살고 있었단 걸
삐거덕거리면서도
우리의 글씨체로 그 먼 길을
사각사각 건너왔다는 걸.

개굴개굴 해설

개구리울음 돋는 봄밤에
서늘한 ㄱㅐㄱ ㅜㄹㄱㅐㄱㅜㄹ
글자들이
굴러다니는 마당을
당신과 거닐다가
"ㄱㄱㄹㄱㄱㄹㄱㄱㄹ"
당신이 말하면
뭔 말인지 모르겠다고
"애우애우" 속앓이하던 날들이
지나가네
긴 날을 살았더니
"우애우애"하는 법도
알게 되고
당신을 "애(愛)"하는
나도 보게 되네.

불꽃

당신이 던진 자음이 아팠어
ㅂㄲ
늘 나의 마음에서 박혔지
살아온 동안 참고만 살았다고
박힌 가슴팍이 답답해서
숨을 못 쉬겠다고 말했지
여전히 당신 자음의 모서리들은
각졌어
나도 모음을 부드럽게 대는 방법을
몰랐지
그래서 한 번씩 우리에게선
―불꽃―이 튀었어
단어를 떼어놓고 생각할 줄도 몰랐지
불…꽃…
불이었다가도 꽃이 될 수 있다는걸
살아내니 알겠더라
수많은 띄어쓰기 협곡을 함께
빠져나오니 알겠더라
당신과 맞잡은 손이 불처럼 따뜻하고
꽃처럼 여린 마음, 둘이
기대어 있다는 걸 알겠더라.

당신의 자음에 모음을 맞대는 게

참 버거운 일이었어
왜 나는 맞대는 일
만 해야 하나 생각했지!
자음은 독선적이고 이기적이라 여겼어
세월이 흐르고
흘러
빈 여백 앞에서
방향을 잡아 글을 시작한다는 게
쉽지 않다는걸
생각할 즘
당신은 많이 낡아 있었어
보게 되었지
당신과 함께 써 내려간
문장
그 깊고 따뜻한 슬픔을….

당신의 자음을

가만히 바라보았어
내 안의
어떤 모음을 대어보아야 할까
적당한 낱말을
만들려고
ㅏ ㅓ ㅗ ㅜ ㅡ ㅣ
자음에 대어보고 읽어보고
갸우뚱거렸지
자음과 모음이 만나
단어 하나 만드는 것도 쉽지 않더라
저 낱말들
공들여 읽어보게 되더라.

예전 같으면

날이 선 자음을 대하면
같이 날이 섰는데
다치고
상처가 곪고
흉지기도 했는데
세월이 흐르니
날이 선 자음을 대하면
내 모음이 날 서지 않도록
기다려.

* 이 시는 당신이 다음 글을 써 주어야 완성되는 시입니다.

예전 같으면. 2

자음이 선 위치가
맘에 안 들어서
공책에 연필을 대고
모음 꺼내기를 주저했어

_____

_____

_____

_____

자음과 모음. 4

아버지 어머니 이야기이고
내 이야긴 아닌 줄 알았어
내가 모음을 들고
당신을 만날 줄 몰랐지!
그동안 쓴 게 쓴 게 아니었어
모름지기 글이란
자음과 모음이 만나야
끼리끼리의 이야기가 되지
1막, 2막, 3막을 마치고
4막을 향해 내달리는 전개들이 되지.

자음. 1

ㄱ ㄴ ㄷ
자음의 길에서 만난 모퉁이들
몇 번이나 뛰쳐나가고 싶었지만
벽에 다다르면
ㄹ
인생은 늘 미끄러지듯 내리막이었고
ㅁ ㅂ
때로 사면이 막혀
향방을 몰랐지
늘 버거운 자음들을
나 역시 뛰쳐나오고 싶었어
내 삶의 전부가
마치 자음뿐이라도 되는 것처럼
읽히는 것을 거부하고 살았어
당신의 자음이 죽도록 싫은 적
많았어.

ㄱ부터 ㅎ까지

ㄱ인 줄 알았더니
ㄴ이었어
겉모습만 보고 판단했었나 봐
ㄷ처럼 당신의 속 마음은 깊었지만
ㄹ의 꼬불꼬불한 길을 따라가보면
뚫리지 않는 요새처럼
사방이 꽉 막힌 당신 마음은 ㅁ
그래도 나에게 ㅂ처럼 길을 내주는 당신
비로소 우리 둘이 ㅅ으로 서게 되지
당신과 얼싸안고 ㅇ
살면서 우릴 짓누르는 것들 때문에 ㅈ
고난은 우리 위로 덮치고 덮치더라 이렇게 ㅊ
간절하게 도움의 손길을 구하며 ㅋ
모든 가능성을 ㅌ의 쇠스랑으로 퍼 올리면
ㅍ처럼 쌓아 올려지는 게 있어
ㅎ당신과 함께라면 크고 작은 고난도 이겨낼 거야

자음을 만난 건

자음을 만난 건
불행 끝 행복 시작인 줄 알았어
신데렐라도 백설 공주도
왕자를 만나 행복하게 살았다 했으니까
결혼은 행복의 종착역이었지
아무도 나에게 결혼의 두 얼굴을
알려주지 않아서
띄어 써야 할 때마다
고통에 속앓이했지
얼마나 험했던지 마음 너덜너덜해져서
숱한 띄어쓰기를
어떤 정신으로 버텼는지도 몰랐지
참 길고 긴 문장들
지금 와 돌아보니 꿈만 같은데
읽을수록 알겠더라
행복하게 살았습니다를….

항상 좋았던 건 아니더라도

누구를 만난들 고생 없을까
당신의 자음과 나란 모음이
서로 맞대어 있을 땐
영원히 행복할 줄 알았지
구비구비 띄어쓰기
눈물과 절망의 협곡들에
왜 나만 이런 거냐고 원망 많았지
돌아보니 띄어쓰기 없이
이뤄진 문장 없더라
띄어쓰기 없이
읽혀지는 문장도 없더라
모두가 다 내가 살아갈
삶일 뿐이더라.

그땐 왜 그랬을까

작은 일에도 웃고
작은 일에 서운하고
작은 일에 행복하고
작은 일에 토라지던
우리 서로의 자음과 모음으로
알아가던 날
당신에게 가다가
뭣 때문에 토라졌을까
모음들 주섬주섬 주워 담고
먼 길 홀로 걸어갔던 날
잊고 있었는데
살면서 당신이 자음들을 주섬주섬 거리면
화가 나다가도
이제야 그때 일 떠올리고는
도리어 한껏 미안해져
내가 미안해 미안해
그러면서도 우리
여기까지 왔네 그치~

글자 이미지

당신과 내가 쓴 단어에
이미지를 입히는 것
살아간다는 것 그런 것 같아
자음과 모음으로 만나
우리가 써 내려간 단어들은
이미지로 읽히지
숨길 수 없고
결코 숨겨지지 않은 채로….

투정

글씨가 삐뚤빼뚤한 건
다 자음 때문이야
저 혼자 위로 솟고
아래로 꺼지고
건너뛸 때도 항시 제 맘이고
나 아니었음 어쩔뻔했어?
나니까 이 정도라도 하는 거야
기껏 글자 만들어 놨더니
다른 모음이나 기웃거리는 꼬락서니 하고는…
불쌍해서 안 떠나고 있는 거야
나 아님 망가질 글자들이 훤히 보이니까
언젠간
자음도 철들 날 있겠지

그런데 문득
오늘따라
자음의 어깨가
외롭고 무거워 보였다.

사랑하게 됐어

어느 날 문득
자음의 어깨가 보였지
마냥 쎈 줄 알았어
내 투정, 눈물을 쏟아내도
묵묵하니 다 받아주어서….

모음 이야기

나 있잖아
당신을 꽤 기대었어
지나온 글을 읽으며 봤어
내가 자음에 꼭 붙어있던 때를
떨어지면 글자가 안될 것 같아
철썩 붙어있었다고 하지만
핑계인 걸 알지?
그땐 왜 그랬나 몰라.

약속

할 말 있으면 해 봐
ㅋㅋ
비웃는 건 아니지?
당신이 혼잣말할 때
난 속으로 울어
ㅜㅜ 이렇게도 울고
ㅠㅠ 이렇게도 울어
당신이 날 향해
ㅎㅎㅎ
웃을 때
내 마음에서는
ㅗㅗㅗ! 감탄사가 나와
당신이 아무 말도 없는 날은
나도 종일 입을 다물어
— —
그러니 우리 함께 해
혼자 내버려 두지 않기.

사이

자음 저 혼자 줄들을 건너뛸 때
그 사이
그 머뭇거림
외로움이 틈타는 시간
그때가 가장 위험한 시간이랬지
우리는 무엇으로 살까
희미해지면
자꾸 기웃거려보는 것들이 생기나 봐
자음이 떠돌던 모습
모음의 빈방
다시 글을 이어 나갈 수는 없을까.

자음에게. 1

당신이라서 좋아
오른쪽으로 기대도
왼쪽으로 기대도
당신이 거기 있어 좋아
살다 보니 벌써 이렇게 많은 이야기를 썼네
아직도 써 내려갈 이야기들
많겠지만
세월이 갈수록 당신 참 멋지다.

자음에게. 2

누가 먼저 반했을까?
당신이 내게로 왔을 때
속으론 좋으면서도 망설였지
내 아버지 어머니 써 내려간
이야기들이 하도 험난해서
난 모음으로만 살기로 작정했었거든
이야기 따윈 필요 없다 여겼어
당신은 홀홀단신의 자음만 가졌다고
멋진 노트 하나 없는 가난뱅이라고
말하면서도
휘청이는 내 곁에서 버텨주었어
당신이 곁에 있으니
비로소 자음이 보이더라
함께 글을 쓰고 싶어지더라
살짝궁 말해 주고 싶었어.

때로

자음의 어깨가 무거워 보이는 날 있어
그러면
가만히
난 기다려
위로도 가 닿지 않아
날카로운 자음의 선에
다가가다 베었던 상흔에
통증이 오기도 하지
이렇게까지 날카로워져야 하는 일인지
모르겠어서
문장에서 뛰쳐나가고 싶어지는 마음
달래보며
우리가 써내려 온 글을 찬찬히
들여다봐
그리고 호흡을 내 쉬지
이런 날은 모음도 삐뚤빼뚤
써지더라.

행복

출발선이 중요한 게 아니었어
그저 함께 있는 것만으로도
좋아서 술술
써 내려간 이야기
어디 부분부터는
갑자기 모든 게 막혀버려서
한없이 정체되어 있는 그 순간도
우린 서로 믿었어
글을 쓰다 보면 기다림이 긴 시간들이
참 많다는 걸 알게 돼
자음이 모음에게
모음이 자음에게
미안한 것들이 자꾸 생겨났지
그래도 우린 믿었어
기다렸다가
다시 글을 쓰는 건 쉽지 않은 일이니까
그래도 우리는 쓰고 있는 중이니까.

자음. 2

자음도 나이를 먹었습니다
날카롭고 모난 선들이 부드럽게
닳아
여백에 가져다 대는 모습이
찬찬해집니다
벌써 몇 친구들이 떠났다고
나이가 새삼스러워진다고
내어주는 등이
오늘따라 애틋해 보입니다.

행복. 2

거기 있어 줘서 고마워
내가 당신에게로 건너갈게
당신만 바라보고 가는 길은
참 오롯한 길
좌우를 둘러보지 않아도 되는 길
오직 나에게만 열린 일방통행
날마다 새로운 길
자음 그리고 모음

# 3부. 나

글자. 1

글자로 배운 것보다
삶으로 배운 게 더 많은데
삶이 깊어질수록
줄 수 있는 것은 글자뿐이란 걸
알아버렸네!

넌 누굴 닮았냐?

라고 물으신다면
내게 있는 글자를 꺼내 보여드리리
아버지 자음과
어머니 모음으로
열심히 글을 짓는 나를….

글자. 2

아버지 글자의 자음과
어머니 글자의 모음으로
기갸거겨고교구규그기
자모음을 떼고 짧은 문장을 더듬더듬 읽고
나의 글을 써 가기 시작하였지
쓸 말이 없고 문장이 막힌다고 투덜댔지만
줄 바꿈 할 때마다 어느 때는 술술 잘 써져도
어는 때는 머릿속 하얘지도록 한 글자
써 내려가는 일이
태산을 옮기는 일 같았지
아버지의 자음들이 119에 태워져
몇 번 조금씩 지워지는 일 있었지
세월에 흠씬 닳아가는
자음의 모서리들을 부축하며
걸어가는 어머니의 모음들도
여기저기 삐걱대었지
문장의 연결구를 찾지 못해 헤매고만 있던 날
괜시리 빈 종이에 연필만 톡톡 두들겨보던 날
글을 쓴다는 건
늘 어렵고 버거운 일이었는데
아버지의 자음을 부축하는 어머니의 모음
그 한 글자, 한 단어, 한 문장을
바라보며 문득
거기 겹쳐지는 내 삶의 단편들.

4부. 아버지 그리고 엄마

어머니. 1

아야어여오요우유
당신의 모음이 닳고 닳도록 살아
호밋자루 빠지듯 '으'와 '이'만 남았을 때
종일 '으' 위에 누워있었죠
힘을 내어 '으'를 일으켜
'이' 근방을 거닐고자 부축받아도
곧잘 혼자서 거닐 수 있을 것 같은 마음
한사코 가벼워져 있었는데
걷다 보면 남은 글자는
신음 같은 '으'뿐이린 걸
또 알게 되었죠.

그리움

"내가 산 세월은 말도 못 해야.
그래도 참고 살았는 게 이만한 거제."
괜히 아버지 이야기만 나오면
아버지 흉부터 늘어놓아서
어머니 가슴팍 글자를
못 알아볼 뻔 했다.

아버지의 글씨

당신의 글씨는 삐뚤빼뚤하고
띄어쓰기 받침도 틀린 게 많아
닮아가면 어쩌나 싶어
뛰쳐나왔어요
살다 보니 그것마저 당신을 닮았단 걸
알게 된 건
아주 먼 훗날
꼭 나 같은 딸을 만나
꼭 당신의 마음을 만나면서입니다.

글자. 3

난 당신을 닮을까 두려워 발버둥 쳤지
내 모음으로만 버티어 보기로 했어
세상 모든 글자가 그렇고 그렇게 보였지
자음 안에 있는 바람들
그리고 폭력들이 두려웠으니까
그러다 알게 되었지
당신의 자음을 비틀어 놓은 세상을
나름 최선을 다한 삶이었다는 것을
당신에게 있어 우린 자랑이었다는 것을
한때의 바람에 휘청이고
한때의 절망 속에 담겨져 있던 때도
어떻게든 자식만은 벗어나길 바랐다는걸
당신이 내게 물려 준 글자를 가지고
깊은 웅덩이를 만나 어찌할 바 모를 때
당신의 눈물로 글자가 더 짙어졌을 때도
있었다는걸
내 문장을 만들어 가며 알았네.

아버지. 1

문장으로 가려져서
글자의 골격을 알아채지 못했지
나는 문장의 앞줄을 서성였어
한 줄 읽고
떠나 있다가
생각나면 다시
첫 줄에서 시작하는,
첫 줄만 반복해서 읽다가
어렵다고 손 놓던 날들
그의 쉼표들
그의 문장의 간격들
그의 심장 박동으로 윤기 있게 생생하던
긴 글줄들
119에 실려 가면서
지우개로 누군가 다급히 지우고 있는지
문장들이 희미해져 가고 있을 때에야
뒤늦게 다음 줄이 눈에 들어오는지
꺾임과 이음을 보다가
눈물 왈칵 돌던….

그게 첫 문장이었어.

당신이 가진 건 자음뿐이라 하여
상경한 서울에서
열두 살에 빈 공책처럼 누빈 파고다 공원
거적때기 한 장 덮고 누워 함께 겨울나던
친구들도 떠나가고
빈 뱃속에서 걸리적거리는
자음들을 움켜쥔 채
터 잡고 살아온 까닭에
당신이 내게 물려준 자음들 중
온전한 게 없었지요
늘 애증의 모음들을 기웃거리던
당신의 글들을 외면하며
울곤 했어요
갈비뼈가 부러져도
그대로 두어서인지 모른다고
무릎뼈가 부러져도 툭 불거진 채
그대로 두어서인지 모른다고
몸 안에 가난이 쟁여져
자음이 자꾸 결려서인지도 모른다고
늘그막에야 어머니 모음에 몸 기대어
아버지
글 쓰시던 날.

글자. 4

그는 항상 떠도는 바람이었나
자음을 뚜벅이며 기웃거리던 거리들
젊은 다방 여인의 모음이 부축해주던
어린 날의 꿈같은 기억들이
평생 쫓게 만들던 모음들은
대어보면 제 글줄은 아니어서
다시 돌아오곤 했던 동안
공책의 빈 여백
기다리던 모음에 귀향한 건
늙고 병든 때
바람을 따라갈 힘 다 빠진 때에야
병상에서 돌이켜보던
자리, 그 아득한 자리에 아직도
외롭게 서 있던 모음의 부축으로
집으로 돌아오는 길
사각사각 글을 실어 나르는 자음과
모음의 느릿한 길을 보았더랍니다.

대화

십여 년 전 심장에 스탠스를 4개 심고
엊그제 더 약해진 혈관에
다시 두 개를 심었다
시간이 거의 빠져나간 몸은
유순하다
인생의 파랑을 거칠게 살아냈던 패기는
막 돋은 여린 잎처럼 부드럽고 느리다
—아빠 잘 참으셨어요
—응
—주사기 아프다고 잡아빼면 안 돼요
—응
—식사도 잘 드셨죠?
—응.

몰랐어

내가 어렸을 때는
아버지와 어머닐
제대로 몰랐어
써 놓은 글이
수많은 문장들이
쉽게 써 내려간
이야기쯤이리라 여겼어
한 줄을 읽고
한참을 서성여야
다음 글자로 써 내려가는 줄
어느 때는
태산을 옮기는 일 같은
글자들이
곳곳에 박혀있다는걸
정말 몰랐어.

가끔

잠 안 오는 밤이면
글자 위를 뒹굴어요
서로의 낡은 자음과 모음을
기대어 저녁 무렵을 거닐던
아버지와 어머니가
써 내려간 글을 읽어요
늘그막에야
사랑을 써 봤다고 설핏 웃음 짓던
어머니 모음을 읽는 동안
나도 모르게 까무룩 잠들테니요.

글자 바라보기

아버지 자음과 어머니 모음이 만들어 놓은
오래된 문장들은
장미꽃 넝쿨 우거진 오두막 같았다가
바짝 메마른 섬진강 바닥의 돌무더기도
같았다가
어쩌다 한 번씩은 푸른 하늘 열고 나오는
종달새도 같았다가
이제는
전천히 밀고 가는 휠체어 바퀴처럼
읽히기도 하였다.

선물. 1

아버지 자음이 다 닳아
병상에서 줄 매달고 있었고
꺾쇠들마다 구멍 송송 뚫려
글자를 읽어내기가 어려웠어요
산소마스크를 씌워도
답답해서 재끼고
곧 바스러질 듯한 자음을 겨우
엄마의 모음에 포개고는
간신히 ㄱ하나 꺼내 보이다
스르륵 포개던 자음도 내려놓고
초점 흐린 눈으로 가만히 고이던
자음들을 보았죠
꺾인 자음의 모서리들이 아플 터인데
눈 속에서 덜그럭덜그럭
고여 맴돌던 걸 보았죠
곁에 있던 엄마가 기우뚱거리며
아버지 자음에 가 닿아 토닥토닥
모음들을 맞대는 걸 보았죠
나에게도
그 자음과 모음들이
들어차는 걸 보았죠.

자음과 모음. 5

아버지는 늘 배고픈 자음
가늘고 홀쭉한 뱃가죽에서
무수히 많은 자음들이 쏟아져 나왔어요
읽어낼 수 없어 외로웠죠
할머니를 등지고
아내를 등지고
마음 정착하지 못한 이유라 했죠
세상 여러 모음을
기웃거려보다가
옴짝달싹 못 하고
널브러진 자음
눈물로 쓸어 모으던
엄마를 보았어요.

엄마. 1

평생 남편 뒤에서 모음의 동그라미를
내어주던 이
기우뚱거리는 자음을 붙들고
밥 한술을 떠 남편 입에 밀어 넣는다
―억지로라도 힘을 내려면 한 숟가락 더 먹으시오
말없이 받아먹는 순한 모습이나 보려고
불끈불끈한 자음 모서리들
받아 내었던가
세월의 지문에 문질러져 닳은
자음의 행색이 초라하고 옅다
모음의 원도 잔뜩 늘어져 있어
글자를 온전히 읽어내기가
점점 어려워진다.

산책

"남편이 없으면 서럽답디다"
아픈 아버지 앞세우고
오후 석양 녘
산책하는 어머니
절뚝절뚝 모음의 무릎도 성치 못한데
퉁퉁 부은 관절을 끌면서도
오래 사시오
ㅗㅐ ㅏ ㅣ ㅗ….

아버지의 글자

오줌이 마렵다고
저벅저벅 걷는 아버지 바짓단에서
물자욱처럼 글자의 자음들이 흘러내렸다
몸 안을 돌다
늘그막에야 흘러내린 자음들이
다다르지 못하고 발자국처럼 찍힌
길을 쫓아가는 어머니가
방바닥에 무릎을 대고 걸레로 훔치고 있다
이젠 순한 양이 되어 가잔 대로 잘 가신다고
당신의 모음을 대어보며
슬픈 미소나 지어 보이시는 것이다.

아버지의 말

엄마가 초저녁 잠에 빠져
이불 걷어차고
자올거리면
살포시 이불 덮어 주는
아버지
미안해
고마워
사랑해
ㅁ ㅇㄴ ㅎ

ㄱㅁㅇ

ㅅ ㄹㅇ ㅎ

아버지. 2

늘그막에
당신의 자음들이 순하여져서는
엄마의 모음을 부축받아
사각사각 써 가던 글들을
내게로 가져오셨죠
사랑하였기에 한없이 아팠던 자음 모서리들이
부드럽게 닳아서
내 안에 눈물이 가득 찼을 때
날 보듬고 있다는 걸 알았어요
당신들의 글자 뿌리의 힘으로
버티어보라고
나보다 더 큰 안간힘으로
글을 쓰고 계시단 걸 보았어요
기력 없는 손끝에서 떨리는 한 글자 한 글자가
얼마나 아리고 깊은 사랑인지를
이제는 알겠다고
꼭 말씀드리고 싶었어요.

후회

당신이 떠나간 자리가 비어있어요
자꾸만 당신 자음 언저리를 맴도는
엄마를 보셨지요?
하루에도 몇 번씩 자음을 불러보는
엄마의 모음들을 보셨지요?
밖으로만 빙빙 헤매는 저 모음들을
쓸어 모을 수 있는 건
그리움밖에 없다는 엄마를 위해
차라리 당신의 흔적들을 치워내기로 한 날
당신의 자음들을 붙들고
나도 울었습니다
더 사랑하지 못해 못내 아파 울었습니다.

천상으로

당신이 옮겨간 후
우리는 닫힌 문 이쪽에서
지워진 당신의 자음이 보고파 울다가
퍼뜩 정신을 차렸습니다
남겨진 엄마의 모음이
병들지 않도록
단단히 지켜보기로 하였습니다.

5부. 남겨진 엄마

어머니. 2

긴 병수발 마치고
자음은 불타고 사라진 후
"그래도 내가 니 아빠 사랑했어야."
심장 언저리가 뜨겁다고
뜨겁게 들어와 박혀 있다고
아버지의 자음들을
종일 부둥켜안고
집 밖을 떠도는 엄마의 모음이
절뚝입니다.

여보 나왔어

니 아버지 보내고
내가 살 수 있을까
돌아보면 거기 있고
고개 돌리면 거기 있고
문 열고 들어서면
니 아버지 있을 것 같아서
밖에 나갔다 오면

ㅕ ㅗ ㅏ ㅚ ㅓ.

어머니. 3

아버지 자음 곁에서 가갸너녀
평생 아버지의 자음만 바라고 살다가
홀로 뚝 띄어진 채
ㅏ ㅑ 신음소리 안으로 들인다.

무릎 수술

아버지 보내드리고 난 후
어머니 비로소 두 무릎에 쇠를 박으셨다
십 년을 억지로 끌고 다니던 모음이
퉁퉁 붓고 다 닳아 구부릴 때마다
신음소리 걸렸지만
아버지 부축하고 앞세워 거느느라
한두 걸음 쳐진 채로도
자모음 맞대어 설움과 한을 읽어드렸다.
"미안허이."
뒤처진 모음의 손 꼬옥 쥐고
가만히 끌어당겨 옆 세우고
아픈 자음과 모음이 기우뚱기우뚱거리며
몇 발 못가 쉬다가도
"고마우이." 나즉이 건네던 글자의 꺾쇠들,
받아 들고 무릎에 박아 넣고는
옴짝달싹 못 하다가 조금씩 걸음에 끼워 맞추는 시간
아버지의 자음이 어머니 무릎에서 부드러워지려면
한 일 년은 걸릴 거라 했다.

선물. 2

 "니 아부지 주고 간 건 내 무릎인가 보다"
통통 부은 두 무릎에 연달아
자음 꺾쇠 박아 넣고
 "다른 이는 다 붙었다는디 나는 언제 꺾여 붙을까 "
조바심으로 물었죠
매일 꺾쇠를 돌보고 구부리면서
모음의 엉치에 바짝 붙여보려 애쓰는 동안
누구는 벌써 밭일 간다네
또 누구는 고추 모종 옮겼다네 하는 소리 듣고
 "저 이들은 다리가 통통 안 부어서 그러지."
 "저 이들은 십 년이나 자음을 부축 안 해 봐서 그러지."
조심스레 무릎을 접고 피면서
하루에도 수백 번씩 접고 펴면서
 "언제쯤 이 꺾쇠가 무릎에서 편해질까?"
아버지 이야기도 구구절절 늘어놓으면서….

무덤

자음을 다 묻었다고
돌아서던 어머니
"평생 만든 문장도 별거 없더라
이리될 걸 알면서도
아둥바둥
애타하던 날들
허망한 것 아니것냐"
비척이며 걸어가는 어머니 무릎에
자음의 꺾쇠가 삐걱거렸다.

어머니. 3

자음을 영영 잃어버리고
모음 혼자 글쓰기란
신음,
가슴에 담은 채
사람 사이를 떠돌거나
그리움 묻힌 거리를 떠돌다가
모음들끼리 만나서
자음 생각도 안 나게
삐뚤빼뚤 글을 짓는 거
복잡한 글은 모두 잊어버리고
가장 단순하게 써 보는 거.

엄마. 2

"엄마~"하고 부르면
"어야~"하고 대답하고
또
"엄마~"하고 부르면
"어이~" 답하는 우리 엄마
자음 없이 모음으로도
외롭지 않기

효자손

"어디 등짝이라도 긁어야겠다"
벽에 걸린 효자손을 들고
등을 긁어대는 엄마를 보았다.
아버지 살아생전
서로의 꺾쇠를 대어보고
"여기요?"
"좀 더 옆에"
"여기?"
"응, 거기, 박박 긁소."
가려운 곳 긁어대던 일

대상포진 앓던 한 해 던가
얼룩덜룩 핏자국 돋도록 긁어달란 통에
모음의 꺾쇠들이 닳아지던...

효자손 등 뒤로 넣어 긁적이면
부스스 몸 비늘처럼 손때 묻은 기억들 떨어져 내리는지
효자손을 벽에 걸어두고 절둑이며 걸어가는
엄마의 뒷모습이 눈에 서성인다
또 아버지 생각에 글자를 뒤적이시겠다.

어머니. 4

무덤을 쓰고 들여다보지 않았다
떼를 입힌 무덤가에 눈발 성성한지
물이 차오르는지
이렇게 봄 되어 파릇 새순 돋고 있는지
관심 두지 않을 양
부러 잊었다
항시 먹먹한 애꿎은 가슴팍에
찬바람 드나든다고
부항을 뜨고 침을 맞으며
사람들을 만나고 이곳저곳 다니는 게
일이라는 듯
온종일 헤매다 집에 오면
행여나 무덤가에 꽃 필까
노심초사하였는데
세월은 마음에 지펴 달아
당겨내려
옛일 하나 돋아났다고
걱정이나 해보는 것이다.

아, 어머니

자식이 죽었단 소식에
엊그제 남편 잃은 슬픔은
어디로 간지 모르겠다고
이젠
차마
슬픔을 꺼낼 수도 없어졌다고
가슴속에 그냥
묻어버린다고 해 놓고

집 밖을 떠도는
어머니.

6부. 가족

가족

글자는 자음, 모음만으로 되는 게 아니야
받침 글자는 복잡하고 예민해
아버지 자음으로 날 낳으시고
어머니 모음으로 날 기르셔도
이해하기 힘든 받침의 세계
잘 알고 있다고 생각하지만, 막상 쓰려면
헷갈리는 받침 글자는 있지
함께 글자를 이뤄나가도 끝이 아니야
우리가 넘어야 할 띄어쓰기 웅덩이들
삶의 곳곳이 움푹 패인 웅덩이들
우린 모두 이 웅덩이에
빠져는 보았을 걸….

세실 댁, 글을 몰라 서럽다

가슴 가득 쟁여온
글자들
해독되지 않아
스스로가 까마득해지던 이

지나온 삶만큼이나
투박하고 거칠기만 한 건
마디마디 불거진 관절만이 아니어서
심중의 깊은 말들
몸 밖에 꺼내지 못했지만

늘그막에야 말들은
쪼개어지고
자음과 모음으로 나뉘어
골격을 드러내었지

누구 하나
읽어낼 수 없었던
그녀의 앙상한 뼈

그마저 병상에서
홑이불 덮인 채 가만히 누워
차마
어찌해야 할 줄 몰랐던….

세실 댁, 허공에 묻다

읽히지 않은 글자들이
무거웠나 보다
이승에서의 걸음 힘겨워
부축을 받으며 간다
삶을 염하고 입관할 때
세실 댁은 눕지 않았다
마지막까지 가슴으로 품었던
모음들이 누웠다
하여 세실 댁은
모든 무거운 것들을 봉인한 채
관 뚜껑을 닫고
뼈까지 사르는 뜨거운 불, 눕는 것들의
질곡의 무게를
활활
허공에 묻길 바랐다, 심중에 묻길
공중을 나는 새의 깃털 속에 묻길
푸른 그림자 거느린 하늘 귀퉁이에 묻기를….

세실 댁 아들

구십팔 세의 노모를 놓아드리던 날
활활 타고 있을 노모의 생이
가슴에 박혔다 아들은,
글자의 자음을 겨우 익히고
열두 살에 뛰쳐나온 집을
여태 돌아가지도 못했었다

서로 다른 엇갈림 속에서
글자의 자음만으로 삶을 버티어서
차마 말들은 삼켜졌어도
목구멍에 가시처럼
걸리던 자음들
미처 삼키지 못해 항시
씁쓸함 있었다

가슴에서 체증을 일으키던 자음들 위로
고스란히 부둥켜안아보는
노모의 생을 한 음절씩 끊어내어
소리 내 읽어보았다
그게 아들의 몸 밖에서
오롯이 눈물인 줄
미처
몰랐다.

글자 해득

아버지 자음 글자를 몰라 준다고
서러워 집을 뛰쳐나왔어도
할머니가 가진 모음은 고향이어서
늘 돌아가고 싶어 했다
어머니가 가진 모음으로도
다 쓸 수 없는 글이라 했다
바람만 불면 언제든 날아가 버릴 것 같은
아버지 자음들은 늘 위태했었지만
할머니 모음 앞에서는
목줄 매인 강아지였다

아버지. 3

늙으신 할머니를 모시고 산다는 건
아버지 자음의 뿌리가 흔들리는 일
기껏 어머니 모음에 맞대어
문장을 만들었다가도
어느새 빠져나가
할머니 모음을 부축하는 일
어머니 모음이 갈 바를 몰라
방황하게 만드는 일

줄다리기

아버지 자음 글자를 놓고
모음이던
할머니와 어머니가
서로의 모음에 맞추려고
줄다리기를 해도
나에게 세실 댁은
마냥 좋은 할머니였다.

어떤 글

어떤 글을 읽다 보면
관절이 만져져
툭 불거진 뼈를 보고 놀라지 않으려
가만히 쓰다듬지
용케도 예까지 잘 왔네 싶어서
뜨거운 눈시울로
미소를 짓지
울 어머니 툭 불거진 허리뼈만큼이나
평생 버티어온 단단한 생애가
뜨겁게 읽혀져
마음에서 활활
불꽃처럼 타오를 때가 있지.

7부. 에필로그

바람

손글씨의 모양은 제각각이어도
들여다보면 예쁘지 아니한 게 없다
단어와 문장을 만들어
일기가 되고 수필이 되고
시나 소설이 되도록 문장의 힘을 기르기도 전에
자음에 맞댄 모음 글씨체들
이리저리 재보다가
평생 글줄도 써 보지 못하게 되지나 않을지
자음, 모음 둘이 함께 어우러져
비뚤빼뚤 써 보아도
계속 쓰다 보면 글씨체가 이뤄지고
그러다 보면 글줄도 써질 텐데….

글자의 기원

하나님께서는 홀로 있던 아담이
좋지 못하여 짝을 지으시고
그 아담과 이브를 보고
비로소 사람이라 부르셨지요.
글자도 이와 비슷하여
남자는 자음, 여자는 모음
이 둘이 함께일 때 비로소 글자가 되는 것 같아요.
자음만으로 읽기가 어렵고
모음만으로도 읽기 어려운 세상에서
제 글자를 읽어줄 자음을 만나고
모음을 만나 글자를 만들고
글씨체를 이뤄가는 것은
참 거룩한 일,
내 아버지와 어머니도 그렇게 만나
글자를 만들고
문장을 만들고
한 책이 되기까지
수많은 희로애락을 구절구절 풀어내시고
삶은 항상 숭고한 것이어서
자음과 모음이
어느 때는 애틋하고
어느 때는 한없이 사랑스럽고
어느 때는 거룩하기까지 하다고
생각해보는 것이었습니다.

해설

시 감상평

시 감상평

_이루리 [북극곰 코다] 작가/세종사이버대학교 문예창작학과 교수
『사각사각 글자 이야기』에서는 삶의 소리가 들립니다.
처음에는 사각사각 글 쓰는 소리였는데, 때로는 소곤소곤 속삭이기도 하고, 때로는 흑흑흑 울음소리도 들립니다. 삶이라는 깊고 넓은 울림을 글자의 만남으로 담아낸 것입니다.
김선자 시인은 노래합니다.
자음과 모음이 만나 눌러쓰는 한 글자, 한 글자가 얼마나 애틋한 목소리인지.

_이옥수 [키싱 마이 라이프] 작가
자음과 모음이 만나 잔잔한 숨결을 이루고
그 숨결이 기의(記意)가 되어 기표(記表) 위에 피어나, 삶과 사랑을 새기며 너와 나, 우리를 사각사각 시어로 연결하는 참 올곧은 시집이다.

_김경희 [괜찮아 아저씨] 그림책 작가
그렇다. 우리가 산다는 건, 자음과 모음 같은 사람이 만나 같이 얼싸안고 다음 문단으로 나가는 것이다.

_하상님(태국 이산 선교사)

자음 모음을 통한 우리네 관계, 희노애락 인생예술의 향연이네요. 덤덤히 그러면서도 묵직하게 공감을 끌어내며 어느새 내 얘기가 되어 있네요.

_**이선화**(아프리카 케냐 선교사)
저의 오랜 친구 선자 작가가 삶의 진솔하고 아름다운 희로애락의 모습들을 자음과 모음의 이야기로 담아낸 두 번째 시집 <사각사각 글자 이야기> 출판을 축하하고 응원하며 많은 이들에게 울림이 되기를 소원합니다.

_**서남원**(전남창의융합교육원 창의교육부 연구사)
김선자 선생님께서 세상에 흩어진 자음과 모음을 모아서 정성스럽게 시를 지었다. 그녀의 시는 단순한 글자가 아니라 그녀의 삶이다. 그래서 더 힘이 있고 더 감동적이다.

_**김점선** [거꾸로 교실] 동화작가
시인은 자음 하나, 모음 하나도 허투루 쓰지 않습니다. 하나하나의 소리에 귀 기울이고, 마음을 다해 적어 내려갑니다. [사각사각 글자 이야기]는 그런 시인의 맑고 투명한 눈으로 더불어 살아가는 삶을 바라보며 써 내려간 다정한 풍경입니다. 같이 읽다 보면 어느새 내 마음에도 사각사각 이야기가 자라납니다.

_**김호철**(곡성교육지원청 장학사)
시를 읽는 내내 사랑하는 부모님과 아내, 아들의 모습이 떠올라 가슴 한 쪽이 뜨거워짐을 느꼈습니다. 평소 쑥스러워 하지 못했던 이야기를 오늘 당장 해야겠네요.
"감사합니다. 그리고 사랑합니다."

_박규빈 [왜 띄어 서야 돼?] 그림책 작가
글이 완성된다는 것은 자음과 모음의 부단한 연합과 노력의 결과이다. 부부의 연을 맺고 살아가는 두 사람의 인생도 그러하다. 다른 자음과 모음들이 그러했듯이 뚝심 있게 그들만의 인생을 써 내려가리라.

_이한나(곡성교육지원청 학습클리닉)
'어떤 일이든지 진심을 담아 이루어가시는 김선자 선생님의 이번 시집도 제 마음에 깊은 울림과 감동으로 다가옵니다.
자음과 모음이 혼자가 아닌 같이 있을때 더 의미가 풍성해지듯 우리는 여러 관계 속에서 자음과 모음이 만나 서로를 받쳐주며 같이 살아간다는 말이 참 멋졌습니다.
늘 삶과 글로 주변에 선한 영향력을 주시는 김선자 선생님을 응원합니다.

_기양희(진도 충무교회)
매 순간 진중한 그대는 자음과 모음으로 희로애락을 말하고, 이리도 고개를 끄덕이게 만드는 시를 꾸준히 쓰고 있었다니….
시를 통해 공감의 마음과 동감의 감정까지 끌어올려 주더니 급기야 시의 바다에 나를 초대해 주고, 노 젓게 해 주어 고맙네.

_정순임(곡성에서의 오랜 벗)
그렇지 그렇지 하고 자음 모음을 읽어나가다 부모님 자음 모음 이야기에 찡해지는 건 나도 이제 그런 생각을 하게 되는 나이가 되었다는 것이겠죠?
우리 인생살이가 자음과 모음이 만나 짝을 이루고 단어를 만들고 문장을 만들고 글을 짓는 것과 같다는 것을 이제야 깨달았습니다.

_조성국 [해낙낙] 시인
"사각사각 글자 이야기"는 "글자 사이에 숨구멍을 내주"듯이 자음과 모음 사이,
행간과 행간 사이, 문장과 문장 사이, 단락과 단락의 사이를 따라서
꽃과 꽃 사이, 나무와 나무 사이, 형과 동생 사이, 친구와 친구 사이, 세상과 세상 사이, 우주와 우주 사이의 "숨구멍"을 터주는 일이다.

_권희표 [어쩌다 받은 무지무지 기분 좋은 상] 동시작가
˚선생님의 시 속에는
먼먼 겨울밤 솜이불 속에 발을 모으고 뒹굴던 이야기 맛이 납니다.˚

_황송란(도서관 사서)
난 방금 글자와 인생이란 감동의 연극을 감상했다. 3대를 풀어 쓴 소외된 우리네의 이야기…. 슬며시 사각사각 무대의 주인공을 꿈꿔 본다.
_이예숙 [이상한 구십구] 그림책 작가
"글자라는 친숙한 소재를 가지고 우리의 삶을 풀어낸 시집 자음괴 모음이 맞닿아 한 글자 한 글자 쓴다는 게 안 맞는 것 투성이지만
함께 살아가며 서로의 소중함을 깨닫게 하는 보석 같은 시입니다."

_김광해(곡성교육지원청 장학사)
자음과 모음 하나하나에 이야기를 담아 풀어낸 시 속에서 삶의 근간을 이루는 인연들 속에서의 깊은 사유와 따스한 울림이 느

꺼지는 귀한 작품입니다.

_노미숙(노미숙그림책연구소장)
'끝까지 우리 살아낸다면 이해할 수 없던 문장들
행간의 깊은 의미를 어쩜 알게 될테요.'-[유산] 詩中
'당신이라서 좋아/오른쪽으로 기대도/왼쪽으로 기대도/당신이 거기 있어 좋아-[자음에게]中
삶의 고비마다 우리를 혼란스럽게했던 말들, 그 행간에 숨은 뜻을 따스하게 껴안을 수 있으리라는 믿음이 생기고, 고요한 위로가 되어 지친 마음에 조용히 손을 내밀어 줍니다. 자음과 모음 안에 숨결 따스한 삶이 있음을 알게 되고, 삶의 굴곡 같은 자음과 삶의 구조 같은 모음을 만나며, 존재 그 자체만으로 이유가 되는 삶을 느끼는 귀하고 소중한 시들이 그득합니다. 그녀의 삶처럼...

_허성균(곡성군미래교육재단상임이사)
글자를 만들어 내고, 문장을 써 낸다는 건 만만하지 않은 과정을 거쳤다는 뜻이네요. 다른 사람과 어울려 세상을 살아내는 일도 감사하는 만큼 감내해야 할 일도 많지요. 특히 부모는 어른이어야 해서 더욱 그렇네요.

_강영숙(한국문해교육협회장)
남녀의 만남, 사랑, 결혼, 이별, 인생이라는 복합적인 주제를 철학적이면서도 감성적으로 풀어낸 탁월한 시인의 감성과 심오한 통찰에 감동 받았습니다.

자음의 각지고 투박함과 모음의 부드럽고 유연함을 인간관계의 긴장과 조화로움으로 재해석한 '사각사각 글자이야기'는 나의 이야기, 우리의 이야기……
자음과 모음을 엮어 사각사각 인생 이야기를 들려주는 작가님! 고맙습니다.

작가 후기

오래 전, 두 사람의 이야기가 있습니다.
아마도 여러분이 알고 있는 이야기일지도 모릅니다.

그들은 잘못된 선택으로 척박한 땅에 서야 했습니다.
모든 것을 새로 시작해야 했고,
사랑으로 아이들을 품었지만
생계의 막막함이 그림자처럼 따라왔습니다.

아이를 낳고 기르는 수고,
형이 아우를 해하는 가슴 찢어지는 상실,
사랑하는 자녀를 떠나보내야 하는 아픔,
끝없이 이어지는 갈등과 반목 속에서도
그들은 하루하루를 살아내야 했습니다.

결혼이 이런 것임을, 누가 미리 알았을까요?
그러나 그 모든 어려움을 끝까지 견뎌낸 그들 덕분에
오늘 나는 다시 생각합니다.
"우리는 왜 이 힘들고 험한 여정을 살아내는가?"

나는 겸허히,
남자와 여자를 만드시고 둘이 하나 되라 하신 말씀 앞에 섭니다.
그리고 많은 이유와 상황이 있더라도
나누지 말라 하신 그 뜻을 떠올립니다.

"살아라."
그 말씀처럼 땀 흘리는 수고와
출산의 고통을 넘어서는 수고가
결국은 축복으로 이어지는 길이 되기를 소망합니다.

《사각사각 글자 이야기》는
그 수고로움을 서로 짊어지고 끝까지 감내하며
살아내자는 이야기입니다.
그리고 우리가 언젠가 만나게 될
그 행복이 어떤 모습일지, 설레는 마음으로
이 글을 건넵니다.

2025.8.31. 도서관 정원에서

김선자

김선자 시인은 1970년 전남 영암에서 출생했고 2004년 동네 아이들을 위해 길 작은도서관을 시작하였다. 밥상에 숟가락 몇 개 더 얹어 함께 밥 먹는 도서관을 지금까지 운영하고 있다. 책 정리 도와주던 할머니들이 책을 거꾸로 꽂아서 글을 모른다는 것을 알게 되어 무턱대고 한글 학습반을 시작했다. 할머니들의 시집 [시집살이 詩集살이], [눈이 사뿐사뿐 오네]를 출간했고 한글 수업에 참여하지 못한 마을 할머니들이 손수 그리고 쓴 [꽃을 좋아한 게 그림마다 꽃이여]를 냈다.
시인의 도서관 아이들도 시집 [잘 보이고 싶은 날], [혼자 먹는 메론 빵], [어쩌다 중딩]을 통해서 만날 수 있다.
김선자 시인은 오랫동안 연작시로 써 왔던 인어 시리즈의 총 5편 중 [시(詩) 어머니]를 출간했고 [사각사각 글자 이야기]와 [어쩌다 인어]의 출간도 앞두고 있다. [설호아], [마을엔 인어가 산다], [인어 왕자]도 곧 선보일 예정이다.

이메일: yelim5@naver.com

김선자 시집
사각사각 글자 이야기

초판 1쇄 2025년 9월 9일

지은이_김선자
펴낸이_김동명
편집.디자인_한예림
펴낸곳_도서출판 창조와지식
제작처_(주)북모아
출판등록번호_제2018-000027호
주소_서울특별시 강북구 덕릉로 144
전화_070-4010-4854

ISBN : 979-11-6003-789-0
값 12,000원

이 책은 저작권법에 따라 보호받는 저작물이므로 무단 전제와 무단 복제를 금지하며,
이 책 내용을 이용하려면 반드시 저작권자와 도서출판 창조와지식의 서면동의를 받아야 합니다.